PRESSANTE

RÉCLAMATION

POUR

LES PÈRES ET MÈRES DES ÉMIGRÉS.

LES pères et mères des émigrés, dépouillés de leurs biens depuis près de trois années, avoient droit, comme tant d'autres victimes, à la justice de la convention nationale ; leur cause n'avoit rien de semblable que par le genre de persécutions dont ils avoient été l'objet.

Quant à leur délit envers la nation, ils ne pouvoit se considérer de la même manière ; la majorité étoit innocente : le fait est incontestable. La minorité, qui pouvoit être soupçonnée d'intelligence, ne devoit être atteinte que par les preuves de complicité ; *tous*, cependant, viennent d'être frappés de la même manière, par une loi générale à laquelle il leur est impossible de satisfaire.

Je ne suis point intéressé à leur cause, mais je m'étonne de ne voir paroître aucune réclamation de leur part ; seroient-ils donc assez abattus par le malheur pour accuser la convention d'un déni de justice à leur égard ? En ce cas, je plains leur erreur, et je me fais un devoir de proposer à l'examen des représentans d'un peuple juste, la révision de la loi du 12 floréal dernier.

J'ai déja avancé que la majorité des pères et mères des émigrés étoit innocente ; cette assertion, toute hardie qu'elle paroisse, n'est pas difficile à démontrer ; pour en sentir la vérité, il faut se reporter au temps où l'émigration s'est effectuée, et convenir de bonne foi qu'elle a eu différentes causes, parmi lesquelles la peur a d'abord tenu le premier rang ; qu'en suite elle est devenue une partie de plaisir, qu'enfin elle a servi de recrutement pour les ennemis de la France.

L'émigration, dans son principe, a été vue avec indifférence, parce qu'elle ne présentoit alors aucune espèce de coalition, aussi n'a-t-on pas voulu frapper les émigrés de la peine du bannissement sans leur donner un délai pour rentrer.

Cette mesure en a ramené une très-grande partie, mais elle n'a pu profiter à plusieurs qui se trouvoient trop éloignés de la frontière; enfin, disons-le, elle ne convenoit pas aux terroristes d'alors qui en ont repoussé plusieurs, dont ils vouloient envahir la fortune.

Les émigrés ont cela de particulier qu'ils ont été mieux traités que leurs pères et mères, puisqu'ils ont eu la faculté de rentrer dans un délai déterminé, et que leur refus est un abandon de leurs propriétés.

Mais les pères et mères ont-ils jamais été dans le cas de délibérer sur des propositions? a-t-il jamais existé des moyens de réclamations pour eux? *Non*, la loi du 17 septembre les a jettés dans des cachots, leurs biens ont été sequestrés, leurs meubles ont été pillés en partie, leurs papiers distraits ou brûlés, sous prétexte qu'ils contenoient des expressions féodales : enfin la révolution du 9 thermidor a opéré leur mise en liberté; les uns ont trouvé leurs maisons dévastées, et n'ont encore d'asyle que chez des amis; d'autres, ont été repoussés de leurs domiciles par le scellé qui en fermoit l'entrée; *tous* sont privés de leurs revenus et n'ont l'espoir d'en recouvrer une partie qu'après avoir satisfait à la loi du 12 floreal dans le délai de deux mois, qui sont prêts d'expirer.

Avant de démontrer l'extrême difficulté de satisfaire à cette loi, je dois établir l'innocence de il est également notoire qu'une partie des pères et mères qui n'avoient point émigré avec leurs enfans ont péri sur l'échafaud ; enfin, on sait, à n'en pas douter, que dans le commencement de la révolution, l'émigration des troupes de ligne étoit plutot une affaire de corps qu'une combinaison de parens, et que, par cette seule voie, on pourroit comprendre le tiers des émigrés.

Je ne finirois pas si je voulois m'appésantir sur les détails qui viendroient en faveur de la question que je traite, il n'est pas un lecteur de bonne foi qui n'en puisse ajouter ; il n'est pas un homme sensible qui n'ait eu à gémir sur la rigueur exercée jusqu'à ce jour envers les pères et mères des émigrés.

Examinons donc franchement leur position ; elle est digne de l'attention de la convention nationale qui n'a pas voulu punir des innocens, et sur-tout les déclarer coupables d'un délit sans autres preuves que celle de la présomption ; il est cependant certain que la loi du 12 floréal, ne faisant aucune exception et s'attachant seulement à la qualité d'*ascendant*, frappe impitoyablement jusqu'à des *ayeux* qui n'ont jamais connu leurs petits-fils émigrés. Mais cette loi du 12 floréal étoit-elle nécessaire ? Je soutiens la négative ; je vais plus loin, et je dis qu'elle implique contradiction avec les principes reçus dans la convention nationale, qui veut être essentiellement juste, et n'a pas cessé de proclamer dans son enceinte la maxime, « que tout homme est présumé innocent jusqu'à « ce qu'il ait été déclaré coupable. »

Ce que j'ai dit des pères et mères des émigrés n'est pas contestable ; *la plupart sont innocens de l'émigration de leurs enfans*, et cependant pour atteindre quelques coupables, on frappe tout ce qui porte ce nom ; on les dépouille, de leur vivant, et on les astreint à des formalités devenues inexécutables, ainsi que je le prouverai dans un instant. Mais je reviens à mon objet, qui est de démontrer que la loi du 12 floréal n'étoit pas nécessaire.

J'ai déja invoqué la loi du 25 brumaire, qui avoit atteint les seuls coupables de complicité avec les émigrés et les punit de la même peine ; c'est dans cette loi qu'est la vraie, la plus juste garantie nationale, elle indique les signes auxquels on reconnoîtra les pères et mères complices de leurs enfans émigrés ; c'est aux accusateurs publics à les poursuivre, c'est aux tribunaux criminels qu'il appartient de leur appliquer la peine qu'ils ont encourue : autrement les principes sont renversés et la maxime que nous consacrons, est : « que » tout homme est présumé coupable jusqu'à ce » qu'il ait été déclaré innocent. »

La loi du 12 floréal fait plus que *présumer*, elle déclare coupables tous les pères et mères, *même les ayeux* des émigrés ; elle les dépouille d'une partie de leurs propriétés ; *elle appelle sur eux la surveillance des autorités constituées*, elle invite même *les bons citoyens à dénoncer les estimations frauduleuses* (1). Assurément c'est ouvrir une grande porte à la malveillance, et nous sommes dans des circonstances telles, qu'il est impossible de faire une estimation qui ne soit valablement attaquée, et n'entraîne la ruine totale du déclarant, puisqu'il est tenu de désigner *la juste valeur vénale au tems présent* : or, je le demande quel est celui qui peut remplir le vœu de la loi, lorsqu'un des malheurs, qui pèse le plus sur la nation française, est l'incertitude dans les valeurs ; quelle carrière pour les dénonciateurs de profession ! Que seroit-ce si nous étions encore dans le régime de la tyrannie qui a pesé si fortement sur les pères et mères des émigrés ? Ils n'auroient pas d'autres ressources que d'abandonner la totalité de leurs biens pour se soustraire à la peine de mort ; mais repoussons

(1) Article VI, il est ordonné aux procureurs-syndics, aux municipalités et aux receveurs de l'enregistrement et des domaines, de dénoncer les soustractions et estimations frauduleuses qui viendroient à leur connoissance.

Tous les bons citoyens y sont invités.

les idées affligeantes du passé, et ne perdons pas de vue que la convention veut être essentiellement juste, qu'elle ne repousse point les réclamations qu'on fait contre ses décrets, qu'elle ne demande qu'à être éclairée sur ce qu'ils peuvent avoir d'incohérent avec ses principes.

Eh bien ! je le dis avec franchise, le décret du 12 floréal est flétrissant pour les pères et mères d'émigrés : il les juge coupables sans examen préalable ; le sort de la plupart seroit infiniment meilleur s'ils étoient traduits par-devant les tribunaux. Ils le demanderoient avec confiance, aujourd'hui, parce que le renvoi de l'accusation apprendroit à tous leurs concitoyens qu'ils n'ont point démérité envers la patrie ; ils exerceroient, avec sécurité, leurs droits politiques, et ne craindroient pas de voir suspecter leurs actions et leurs paroles, par cela seul qu'ils sont ascendans d'émigrés.

Qu'on ne dise pas que la loi du 12 floréal n'atteint que les émigrés, que la nation n'exerce qu'un droit légitime sur leurs biens ! Sans contredit, la nation ne peut et ne veut être qu'aux droits des émigrés vis-à-vis leurs ascendans, or les enfans n'ont aucun droit de dépouiller leurs pères pendant la vie de ceux-ci. La propriété ne cesse qu'avec la vie, et c'est à cette époque que s'exerce le droit de l'héritier : jusques-là le père est maître de dissiper son bien par tous les moyens qui sont en son pouvoir.

Je ne me dissimulerai point que les premières lois qui ont été portées contre les pères et mères des émigrés, avoient pour objet de prévenir des aliénations frauduleuses, et spécialement des ventes dont le produit auroit pu tourner au profit des émigrés; aussi le séquestrat étoit-il une mesure d'intérêt général contre laquelle personne ne s'est élevé: le danger de la patrie le commandoit, et si son exécution eût été confiée à des mains pures, la convention n'auroit pas tant de victimes à consoler; mais une mesure de précaution devoit-elle être suivie d'une loi aussi affligeante lorsque les dangers de la patrie sont passés, et qu'ils n'étoient pas imputables aux ascendans des émigrés, mais seulement à ceux-ci? Non, sans doute: la loi du 25 brumaire avoit statué sur les seuls coupables, elle avoit désigné ceux qui pourroient être réputés complices des émigrés, elle leur avoit infligé la même peine, et tracé aux tribunaux la marche qu'ils avoient à suivre.

Cette loi du 25 brumaire subsiste dans son entier; elle s'exécute fidèlement dans toute l'étendue de la république, en sorte que les pères et mères des émigrés sont sous l'empire de deux lois, dont l'une, s'ils sont déclarés coupables, opère leur bannissement perpétuel et la confiscation de leurs biens ; l'autre, s'ils sont reconnus innocens, les dépouille de la propriété d'une portion de leurs biens.

Je vais rendre ceci sensible par un exemple, fondé sur la loi du 25 brumaire dernier :

« Je dénonce à l'accusateur public de mon dé-
» partement un père d'émigré comme complice de
» son fils pour l'avoir envoyé sur terre étrangère,
» lui avoir envoyé des secours ; j'administre les
» preuves qui sont en mon pouvoir ; le procès
» s'instruit et le tribunal déclare *qu'il n'y a pas lieu*
» *à accusation.* »

Voilà un jugement qui innocente un père d'émigré, et, par cela seul, devroit le garantir de toutes recherches ; point du tout : il existe une loi du 12 floréal qui, sans égard pour son innocence reconnue, le soumet à la condition humiliante de déposer son bilan, et se dépouiller, sans délai, d'une portion de son bien ; que dis-je? elle l'expose à un nouveau procès mille fois plus dangereux que le premier, parce que je soutiens impossible, dans les circonstances où nous sommes, de faire une déclaration qui ne prête pas matière à dénonciation. Je suis pénétré de cette affligeante vérité parce que j'ai moi-même voulu travailler à en rédiger une avec toute la rigueur prescrite par la loi. Il s'agissoit d'obliger une mère vraiment malheureuse, innocente de l'émigration de son fils, et bien décidée à faire à la nation l'abandon d'une partie de sa fortune pour cesser d'être à charge à ses amis, et s'occuper de l'éducation de ses autres enfans : j'avoue que j'ai été obligé d'y renoncer, parce que je ne pouvois pas garantir cette malheureuse mère du poids d'une dénonciation de la part d'un agent des domaines nationaux ou du premier citoyen qui seroit son ennemi.

Comment, en effet, estimer du mobilier sur la valeur duquel on n'a plus aucunes données? Comment indiquer l'assiète, la nature et la contenance des fonds, lorsque tous les papiers ont été distraits ou volés? Comment enfin désigner la *juste valeur au tems présent* ? C'est sur cette question, que la plume m'est tombée des mains, et que je l'arrête encore; le lecteur la résolvera suivant sa manière de voir, je le préviens seulement de mettre dans la balance monétaire les vingt mille livres de prélèvement accordées aux pères et mères des émigrés, parce qu'il en résulte deux faits importans : *l'un* que le plus mince artisan, qui a eu le malheur d'avoir un fils émigré, ne sera pas excepté de la loi, parce que son mobilier seul excédera 20,000 livres en valeur *au tems présent* ; *l'autre* que l'homme riche aura un prélèvement infiniment minutieux, relativement à la portion de biens qu'il relâchera à la nation.

Mais c'est trop s'appésantir sur l'examen d'une loi que la convention s'empressera de rapporter, dès qu'elle aura connoissance de l'immensité des réclamations auxquelles elle va donner lieu.

J'ai dit et je le répète : La convention a suffisamment pourvu à la vengeance nationale, par son décret du 25 brumaire ; elle devoit s'assurer de tous les biens échus aux émigrés ; mais comme ils sont morts civilement, c'est une grande question que de savoir, si la nation avoit des droits sur les biens à écheoir ? En admettant l'affirmative, il faut tout au moins convenir que la nation ne devroit intervenir que dans les successions, à mesure qu'elles s'ouvriroient, parce qu'elle n'a vraiment que les droits qu'auroit eus l'émigré : autrement c'est punir le père de la faute du fils.

Mais il s'agit ici de terminer un grand procès, entre la nation et les ascendans des pères et mères d'émigrés.

La nation devoit être vengée, la loi du 25 brumaire a suffisamment pourvu aux moyens d'atteindre les vrais coupables.

Les ascendans des émigrés ont souffert toutes les vexations du gouvernement révolutionnaire ; ils souffrent encore du séquestrat de leurs biens. Fatigués par les malheurs, ils feroient encore des sacrifices pour indemniser la patrie des maux qu'elle reproche à leurs enfans; mais la loi du 12 floréal les traite comme des criminels; elle les force à déposer leur bilan; elle appelle sur eux toute la malveillance, en ordonnant que l'examen et la discussion s'en feront en séance publique du directoire du district, et s'ils sortent de cette pénible et humiliante discussion, sans avoir été atteints d'une dénonciation, il faut faire l'abandon d'une partie de leurs biens, que dis-je? Il faudra recevoir la portion, que le directoire du district croira devoir relâcher.

La convention nationale doit prévenir les réclamations des pères et mères des émigrés; elle ne voudra pas qu'ils aient à envier le sort de ceux dont les fils ont porté les armes da s laVendée; elle pèsera, dans sa sagesse, la question de savoir si la charge d'entretenir deux volontaires aux frontières n'est pas une taxe énorme, pour ceux qui ne sont pas complices de leurs enfans; enfin, si elle a voulu faire un grand exemple, même en dépassant les limites ordinaires de la justice, qu'elle se borne à une taxe quelconque, basée sur les contributions mobiliaires et foncières, et qu'elle soit précisée de telle manière que les contribuables puissent y trouver la fin de leurs peines, et recouvrer le libre exercice de leurs droits politiques.

J'ai rempli la tâche que je m'étois imposée,

quoique j'aie laissé beaucoup de choses à dire; mais j'ai traité une question tellement connue, qu'il n'est personne qui ne soit en état de suppléer à ce que j'ai omis, ou négligé de dire; il me suffit d'avoir rassemblé plusieurs vérités pour être persuadé qu'elles seront recueillies par quelques-uns de nos représentans, et proclamées à la tribune de la convention nationale, qui s'empressera de mettre fin aux maux des pères et mères d'émigrés en rapportant la loi du 12 floréal dernier, et ordonnant la levée du sequestre de leurs biens.

LEGRAS.

De l'Imprimerie de J. P. Brasseur, rue Honoré, n°. 43, vis-à-vis la place Vendôme.

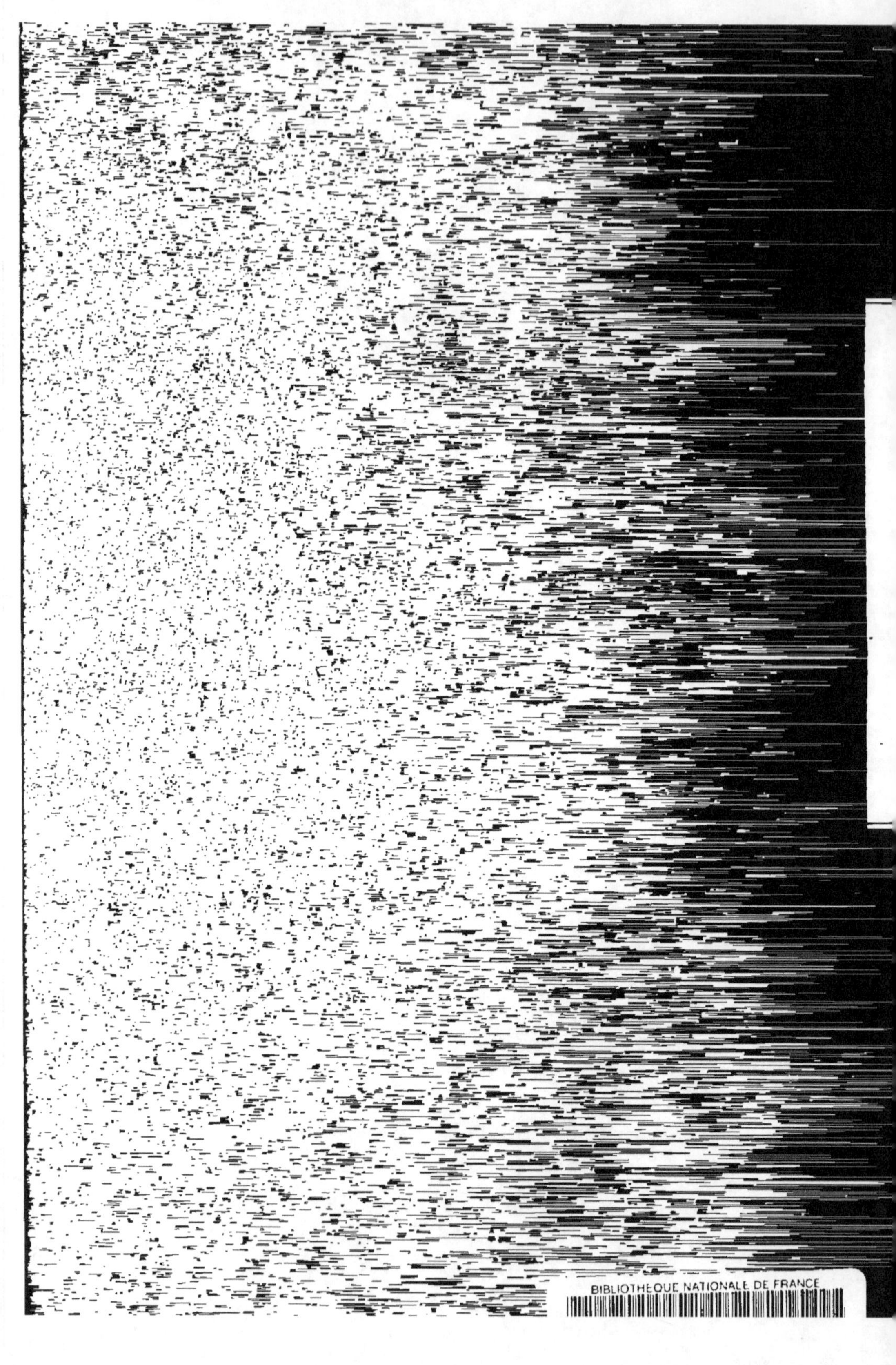

www.ingramcontent.com/pod-product-compliance
Lightning Source LLC
LaVergne TN
LVHW020458230826
846091LV00008BA/3269

9782011905987